AF221135

Katrin Lammert

Über Geld und REICHTUM

Teil 4 der Schriftenreihe aus dem Cosmic Consciousness

Bibliografische Information der Deutschen
Nationalbibliothek:
Die Deutsche Nationalbibliothek verzeichnet diese
Publikation in der Deutschen Nationalbibliografie;
detaillierte bibliografische Daten sind im Internet
über < http://dnb.de> abrufbar.
© 2020 Katrin Lammert
Herstellung und Verlag: BoD - Books on Demand,
Norderstedt

ISBN: 978-3-751937559

Hinweis: Der Buchstabe ´ß´ wird in diesem Buch nicht
verwendet.

Weitere Titel dieser Reihe:
Über die LIEBE
Über Manifestation, Heilen und HEILUNG
Über den Spirituellen LEHRER

Die Autorin: geb. 1970, eine Tochter

Internet-Blogs:
aktuell: Blog meinatlantis - seit 2018
Blog *KatiLa´s Weltbetrachtung* - September 2016 - Herbst 2017
Blog *Just writing!* - von 2012 bis Frühjahr 2016

Bisherige Veröffentlichungen seit 2007 per BoD:

meinatlantis - Die Wirklichkeit hinter dem Begriff "Dualseelen"- Reloaded (2020)
Sanft wie Schafe II - Auf der Suche nach Menschen mit Cosmic Consciousness (2020)
Alltägliche Merksätze für Inneren Frieden (2019)
Dualseelengedichte - (2017)
meinatlantis - das Original (2017)
Mein Blog: Just writing! - Das Buch (2017)
Die Göttliche Beziehung (2015)
Beyond Dunbury – Roman (2014)
SOS hilfreiche Gedanken für Dualseelen (2014)

unter dem Pseudonym Cathérine Cordero:
Im Herzen Löwen - *Interview mit einer Dualseele* (2010)
Seelenseen. *Gedichte II* (2008)
Sanft wie Schafe - *Eine wahre Dualseelengeschichte* (2008)
Heimatlose Welten. *Meine Gedichte* (2007)

Vorwort

Nichts beschäftigt den modernen Menschen mehr als Geld und materieller Besitz. Weil alles Materielle wichtiger ist als geistig-spirituelle Inhalte, wird die Zukunft dieser Menschheit passend dazu in einem immer weiteren Fortschreiten der technischen Errungenschaften gesehen. Wir haben jedoch bereits in den ersten Teilen dieser Buchreihe über Höheres Bewusstsein gezeigt, dass der nächste Entwicklungsschritt der Menschheit auf der Erde ein *spiritueller* ist. Die Wenigsten werden ihn tun. Denn nicht Geld regiert die Welt, sondern etwas anderes, wie wir im Verlauf dieses Buches sehen werden.

Uns wird von klein auf wie in einer Fern-Schule, d.h. über Autoritäten *ausserhalb* von uns, beigebracht, wie wir diese Welt zu sehen haben, wie sie angeblich „ist". Dass sie bei weitem nicht so ist, wie uns absichtlich dargestellt wird, das dämmert heutzutage schon einer Vielzahl von Menschen. Die positive Seite der modernen Massenmedien und sog. *Social Media* ist, dass hilfreiche Informationen rasend schnell weltweit bekannt gemacht werden können. Die Kehrseite, die flächendeckende, rasche und gründliche Programmierung der grossen Masse nämlich, überwiegt jedoch alle möglichen Vorteile und vernünftigen Einsatzmöglichkeiten dieser globus-umspannenden Technik.

Wer sich auf den spirituellen Ausbildungsweg machen darf bzw. muss, der merkt sehr schnell, dass sein Hauptarbeitsgebiet darin besteht, die lebenslang eingeimpften und unhinterfragt übernommenen Meinungen anderer in seinem eigenen Denken ausfindig zu machen und zu löschen, bzw. sie mit der *selbst erlebten* WAHRHEIT zu überschreiben. Ruby Nelson[1] nennt das die Abkehr von den ansonsten üblichen *race beliefs*, und das bedeutet, die Glaubenssätze der erdenmenschlichen Rasse hinter sich zu lassen, statt dessen ganz Neues zu *glauben* und daher auch zu *erfahren*.[2]

Dies zu erleben ist ein sehr schmerzhafter Prozess - schmerzhaft deshalb, weil das ewig kriegsbereite Ego dabei sterben muss. Ego muss sterben, damit die Individualität des Menschen hervorbrechen kann und er von einer menschlichen Raupe in einen kosmischen Schmetterling verwandelt wird,

---

[1] The Door of Everything, von Ruby Nelson, De Vorss & Co. Verlag, Marina Del Rey, USA., 1963; dt: Das Tor zur Unendlichkeit, Aquamarin Verlag, Grafing, 3. Auflage 1999

[2] Die Formel der Manifestation lautet: GLAUBE wird zu VERTRAUEN wird zu ERFAHRUNG, vgl. das Buch aus dieser Reihe zum Thema.

der eine völlig neue Dimension erklimmt: diejenige namens Cosmic Consciousness.

Wir kennen drei Bewusstseinsgrade, in denen Menschen sich (geistig) aufhalten können[3]: Das sog. Animal Consciousness oder tierisches Bewusstsein (ein weitgehend vernunftloses, instinktives Gruppen- oder Artbewusstsein mit keiner oder kaum Individualität), das Self Consciousness oder Ego-Bewusstsein, in dem sich die meisten älteren Kinder und erwachsenen Menschen auf Erden (zumindest die meiste Zeit über) befinden, sowie das Cosmic Consciousness oder Höhere Bewusstsein, zu dem sich bisher nur extrem wenige Menschen *berufen* fühlten und fühlen. Da dieser Höhere Bewusstseinszustand für das menschliche Ego höchst bedrohlich ist, wird jedes Anklopfen von dort „oben" von fast allen Menschen tunlichst ignoriert. Der häusliche Wohlstand steht auf dem Spiel, und das mühsam konstruierte Lügengebäude des persönlichen Daseins mit einer vermeintlich wichtigen

---

[3] Ich folge in meiner Arbeit den Begriffen von Richard Maurice Bucke (gest. 1899), vgl. Cosmic Consciousness, A Study in the Evolution of the Human Mind, Angabe in meiner Druckausgabe: sacred-texts.com

persönlichen Geschichte könnte nicht mehr aufrechterhalten werden...

Ein Mensch kann sich andererseits nicht aus seinem Ego-Wollen heraus vornehmen, ins Höhere Bewusstsein zu wechseln. Da es sich bei diesem Wechsel um einen sprunghaften Reifungsschritt handelt, ist er nicht von einem noch unreifen Stadium aus verfügbar. Dies ist ein seelischer Schutzmechanismus, denn das Dasein im Cosmic Consciousness erfordert eine solche enorme Andersartigkeit, dass ein untrainiertes Ego-Bewusstsein damit heillos überfordert wäre.

Zweitens und überhaupt nur aus diesem Grunde braucht der Mensch, der sich auf diesen sehr steilen, steinigen Pfad begibt, einen LEHRER. Über diesen habe ich in Teil 3 dieser Buchreihe ausführlich geschrieben.

Dieser LEHRER muss selbst bereits in der Höheren Dimension beheimatet sein, um einen Menschen sicher aus dem Self Consciousness hinaus in das Cosmic Consciousness hinein zu führen und zu begleiten. Ein Schüler kann stets nur soweit kommen, wie sein Lehrer schon gegangen ist.

Im Cosmic Consciousness angekommen, befindet sich der betreffende Mensch erneut an einem Anfang: Er steht an der untersten Stufe auf diesem für ihn völlig unbekannten Terrain und wird noch oftmals zurückfallen auf sein bisheriges Level, zurück in die alten Ego-Verhaltensweisen, da er oder sie zuvor nichts anderes gelernt hatte.

Die Fernschule der fremden Autoritäten sorgt lebenslang gründlich dafür, dass wir uns dem Höheren Bewusstsein möglichst nicht zu stark nähern, denn wer dem Self Consciousness einmal entkommt, der ist für diese Ego-Welt für immer glücklich verloren. Das bedeutet, derjenige verlässt das Rad der andauernden Reinkarnationen und lebt fortan in der neuen Dimension, die jene anderen Menschheiten bewohnen, die bereits auf einer höheren Entwicklungsstufe stehen. Neulich hörte ich in einem Film den Ausdruck „Ausruh-Inkarnation". So etwas kann es, natürlich, nicht geben, denn in der Welt des Self Consciousness zu leben ist für den Menschen nur eine Station der Durchreise, sollte es zumindest sein, **denn ein Mensch ist aufgrund seines Menschseins aufgerufen, höhere Seinszustände zu verwirklichen.**

Es ist mit gesundem Menschenverstand kaum zu verstehen, und doch ist es der Fall, dass es Gruppierungen auf diesem Planeten gibt, die alles dafür tun, und das seit tausenden von Jahren, um uns irdische Menschen in dem relativ niedrigen Ego-Bewusstsein festzuhalten. Warum das so ist und wer das will, das ist nicht Thema dieses Büchleins.

Wer nicht durchschaut, dass es bei all den „schlimmen Dingen", die in dieser seltsamen Welt absichtlich ins Leben gerufen wurden und weiterhin werden, einzig darum geht, Spiritualität zu behindern, der bleibt weiterhin in den Fängen von Angst und Kontrolle, Gewalt und Manipulation. **Wer die Angst der Menschen lenkt, der lenkt die Menschen.** Allein daraus beziehen die Betreffenden ihre vermeintliche „Macht". Diese verbleibt in Wahrheit immer und in jedem Fall bei den manipulierten Individuen selbst, und sie stammt aus der einen und einzigen Quelle aller KRAFT und MACHT: GOTT bzw. BEWUSSTSEIN.

Die WAHRHEIT macht uns insofern tatsächlich frei, denn sie sagt uns, dass das ganze irdische Gewese nur eine Durchgangsstation und nur temporär von Bedeutung ist. Es ging hier auf der Erde noch niemals um Geld, noch keine einzige Sekunde lang...

In diesem Teil der Reihe wollen wir uns das Thema Geld und Reichtum daher von einer höheren Warte aus anschauen und einige Denk-Irrtümer korrigieren, damit für den Leser bzw. die Leserin aus dem in Deutschland 2020 normalüblichen satten Raupen-Wohlstand mehr werden kann: nämlich wirklicher REICHTUM.

∞

Hier vorab ein paar Definitionen zum Verständnis:

materiell = dem Tod bzw. der Reinkarnation zugewandt,
spirituell = dem ewigen LEBEN zugewandt,

oder mit anderen Worten:

materiell = der Welt verpflichtet,
spirituell = GOTT verpflichtet,

oder mit anderen Worten:

materiell = Geld ist der Gott,
spirituell = GOTT ist GOTT

Am Geld scheiden sich die Geister, was bedeutet: daran zeigt sich, *wes Geistes Kind* du bist. Du kannst nur *einem* Herrn dienen. Ich kenne Leute, die jedes Gegenüber professionell blenden und sich wunderbar und sogar sanftmütig nach aussen hin präsentieren, so lange, bis es um Geld geht. Dann spucken sie Gift und Galle in einem völlig übersteigerten Ausmass. Woran liegt das? Geld und Angst sind untrennbar gekoppelt, und Angst macht aggressiv.

Hier noch der übliche Hinweis:

Wie immer übernehme ich keinerlei Verantwortung für Handlungen, zu denen sich die Leser meiner Bücher nach Lektüre motiviert fühlen.
Ich verweise auf eure immer bestehende Eigenverantwortung.

Die Gesetzmässigkeiten im Self Consciousness

Das Self Consciousness bzw. Ego-Bewusstsein ist derjenige Bewusstseinszustand des Menschen, der gekennzeichnet ist von Dualität, d.h. alles, was derjenige wahrnimmt, bildet sich ganz automatisch aus Gegensatzpaaren. Wenn etwas ist - kann es nicht zugleich sein Gegenteil sein. Er kann etwas nur wahrnehmen, wenn das direkt daneben steht, was das Ding nicht ist. Alles lebt vom direkten Vergleich, und leider vergleicht sich der Mensch auf diese Weise auch beständig mit anderen Menschen - und zieht daraus den Hauptanteil seines geistigen Leidens. Vergleichendes Konkurrenzdenken ist eine Begleiterscheinung des auf Erden üblichen Mangeldenkens, denn wenn es (angeblich) nicht genug für alle gibt, muss die Konkurrenz (die aus Milliarden anderen Menschen besteht) übertrumpft und ausgestochen werden. Wie kann es in GOTT Mangel geben, der allmächtig und grenzenlos ist? So ein eingeschränktes Denken kann also nur in grosser GOTT-Ferne erblühen, d.h. auf einem sehr niedrigen Punkt der Bewusstseinsskala.

Wir urteilen dank der lebenslangen Fern-Schule in Sachen Bewertung alle gleich, weil es uns absichtlich so beigebracht wurde. Alt ist schlechter als jung, Schönheit ist stets dem Hässlichen vorzuziehen, usw. Wer bestimmt, was hässlich ist, und ab wann ist etwas oder jemand alt, und was ist daran schlimm? Hollywood leistet bei der Ausbildung solcher oberflächlicher Bewusstseinsinhalte von jeher beste meinungs-bild-ende Dienste. Die Wirklichkeit ist das nicht, was sich daraus in den Köpfen ab-bild-et... Wie das Programmieren von Menschen mittels Fremdautoritäten und durch von aussen vorgegebene Glaubenssätze funktioniert, haben wir in Teil 2 dieser Schriftenreihe über Manifestation, Heilen und HEILUNG ausführlich erklärt.

Ein jedes Kind weiss schon, dass das Gegenteil von Armut Reichtum ist. Wenn du nun jemandem sagst, dass er auf dem spirituellen WEG alles loslassen muss, was ihm bisher lieb und teuer war, dann hapert es bei fast allen Kandidaten zuerst am Geld. Denn Geld und Angst sind untrennbar gekoppelt. Eher würde der Ehepartner losgelassen, als das Sparguthaben und das Eigenheim, denn beide werden im Denken des Egomenschen mit „Sicherheit" gleichgesetzt.
Menschen mit sehr grosser Überlebensangst streben am meisten nach grösstmöglicher finanzieller Absicherung. Wer soviel Angst (= so wenig Bewusstsein bzw. so wenig GOTT) hat,

sieht in materiellen „Werten" seine Sicherheit und seine Versorgung. Wie leicht kann derjenige alles verlieren. Wer sein (altes) Leben verliert, wird LEBEN gewinnen: angstfreies, höheres BEWUSSTSEIN. Ego will das nicht, weil es keine Ahnung davon hat, was es vermisst.

Auch Erfolg ist im Self Consciousness untrennbar mit Geld verknüpft, ERFOLG hingegen ist weitgehend unbekannt. Wann immer ich erzähle, dass ich Bücher schreibe und veröffentliche, lautet die erste Frage nicht etwa: *Über was schreibst du denn?* oder *Wie kommst du dazu, was hast du Besonderes erlebt?* Jedes Kind würde zuerst diese berechtigten Fragen stellen. Stattdessen fragt der programmierte Ego-Mensch als erstes: *Wie viele hast du denn schon verkauft?* Das Denken des Menschen im Self Consciousness dreht sich der Ego-Sicherheit halber um messbare und vor allem: vergleichbare Daten. Beobachte dich selbst.
Ich habe abgenommen! - Wie viel denn?
Ich habe geerbt! - Wie viel denn?
ERFOLG ist etwas ganz anderes. Er ist die Verringerung der inneren Distanz zu GOTT, d.h. die Erhöhung des individuellen Bewusstseinsgrades und er ist ewig, da nicht revidierbar. ERFOLG ist, täglich mehr das zu werden, was GOTT für mich vorgesehen hat: ein individueller Mensch mit Cosmic Consciousness.

Wer im Self Consciousness sein Geld loslässt, glaubt automatisch, dass er fortan das Gegenteil: *kein Geld* haben wird. Das löst bei den meisten Menschen enorme Ängste aus, da sie ja mangels GOTT irrtümlich glauben, ihre Versorgung käme von aussen. Wer nicht nach Reichtum in monetären Dingen strebt, der wird Armut erleben, und derjenige wird in der Gosse enden, so denkt *es*.

Ein bewusster Mensch kann das Thema Geld komplett loslassen: das Streben danach, das Heischen danach, das Denken daran, den Neid auf andere mit *mehr davon*, und er oder sie kann das Karriere-zum-Zweck-machen sein lassen - kurz: der Mensch kann die Sorge um Geld völlig fallen lassen und *angstfrei* sein - und wird daraufhin immer REICH sein und in der Folge dessen auch materiell alles haben, was er oder sie *braucht*. Völlig anstrengungsfrei. Das glaubst du nicht? Es ist einzig eine Frage der Hinwendung, vergleiche die Definitionen im Vorwort. Es fehlt niemals an Geld, niemals an einem Partner, niemals an einer Arbeitsstelle: nur GOTT fehlt.

Weil GOTT abgelehnt wird, wird der Fehler auf der temporären Ebene gesucht und in den äusseren Umständen.

Natürlich glaubst du das nicht, denn bisher hat dir auch keine äussere Autorität davon erzählt. Und das liegt schlicht daran, dass du bisher den verkehrten Autoritäten gefolgt bist. Die, denen du folgst, haben nämlich nur eins im Sinn: selbst mehr und mehr Geld anzuhäufen, weil sie selbst vor Angst innerlich geistig erstarrt sind, und dich leer ausgehen zu lassen. Wo das meiste Geld ist, ist die grösste Angst, also Ferne von der LIEBE bzw. von GOTT.

Was wir lernen ist, dass man[4] in der Schule gut aufpassen muss, sein Taschengeld sparen muss, in den Ferien arbeiten muss, ein super Abitur machen muss, sonst sitzt man nachher bei xy an der Kasse (was als sozialer Abstieg gewertet und als Drohung zu Erziehungszwecken benutzt wird), und man muss nach dem super Abi ein super Studium absolvieren (*Wie, du machst nur eine Ausbildung, mit deinen Abi-Noten?*, so wurde mir einst gesagt). Man muss später einmal das höchstmögliche Gehalt ergattern, und dann muss man noch ein paar Aktien kaufen und vor allem muss man ein Haus bauen, besser gleich mehrere, und dann hat man eines Tages endlich ausgesorgt, sobald die Lebensversicherung ausbezahlt wurde. Und man muss immer mehr haben als - als der Bruder, als der Nachbar, als die ewig beneidete sog. Freundin. (Ist so etwas denn Freundschaft? Eher ist es eine Konkurrenz.)

---

[4] Das Wörtchen "man" zeigt stets eine Programmierung an! Das Individuum „man" gibt es nicht.

Dass das mit der Sorglosigkeit auf diese Weise rein gar nicht funktioniert, sehe ich tagtäglich in meinem Umfeld. Ich kenne nicht einen dieser materiell orientierten Menschen, der oder die nicht in Sorgen und Ängsten schwelgt. Ego lebt vom Sorgenmachen und vom Leiden und vom Kriegführen. Zwar streiten die Leute das ab, doch wehe, es geht ihnen ans Geld, schon verraten sie sich - und wes Geistes Kind sie sind. Da reicht die Einführung einer kleinen Parkgebühr, dass sie wochenlang Zeter und Mordio schreien. Wer zwei Autos hat und Häuser und jährlich in Urlaub fährt und und und - hat der wirklich kein Geld für läppische Parkgebühren? Ego empfindet es prinzipiell als ungeheuerlichen Angriff, wenn jemand eine Gebühr erhöht, von der es in seinem Handeln betroffen ist, oder selbst schon dann, wenn ein von ihm favorisierter Artikel im Laden teurer wird. Schau dich um und beobachte selbst, vielleicht sogar *dich selbst*.

Ego braucht den fortwährenden (inneren) Krieg und schielt stets eifersüchtig auf das, was andere haben. Ego fürchtet nichts mehr als Verlust, übervorteilt zu werden, als einziger nichts zu *krieg*en, usw.

Welche Rolle spielt GOTT?

Spiritualität hat bekanntlich rein gar nichts zu tun mit institutionalisierten Religionen; die beiden begegnen sich niemals. Gleiches gilt für das bunte Traumland der Esoterik. Ebenso hat GOTT nichts mit einem strafenden Egomanen zu tun und auch nichts mit einem gütigen Opi mit Bart, und die gähnende, schweigende, nichtwertende Leere ist ER auch keinesfalls.

It is a difference between knowing Me and just knowing about Me[5], schreibt Ruby Nelson. Und so ist es. Ein jeder kann hier und heute beginnen, seinen GOTT *face-to-face* kennen zu lernen.

GOTT erkennen wir in unserem Dasein vor allem indirekt, und zwar an seinen eklatanten Auswirkungen auf unser individuelles Leben, als da wären LIEBE FRIEDEN GLÜCK FREIHEIT STILLE REICHTUM FREUDE ... und andere Höhere Zustände. Dies sind Zustände aus dem Höheren Bewusstsein, deren kleine Geschwister in

---

[5] The Door of Everything, von Ruby Nelson, De Vorss & Co. Verlag, Marina Del Rey, USA., 1963; dt: Das Tor zur Unendlichkeit, Aquamarin Verlag, Grafing, 3. Auflage 1999

ihren temporären Erscheinungen wir alle schon einmal kurz oder etwas länger erleben durften: Liebe zu einem anderen Menschen oder Haustier, bis eine Trennung eintrat, eine friedliche Zeit, bevor es wieder schwierig wurde, Glück mit dem neuen Partner, bevor er fremdging, Freiheit in den grossen Schulferien, bevor die Schule wieder losging, Stille, bevor es wieder turbulente Umstände gab, Reichtum, bevor wir das ganze Geld wieder zum Bezahlen der Schulden ausgegeben hatten oder es sonst wie abhanden kam, und die Freude endete, als Trauer dran war. Im Self Consciousness gibt es keine Ewigkeit, sondern aufgrund der Struktur von ja und nein kann ein Zustand stets nur eine Zeitlang dauern, bevor sein Gegenteil wieder dran ist, ganz wie bei den Männlein im Wetterhäuschen, die abwechselnd nach vorn kommen. Ein Tag Regen, ein Tag Sonnenschein, wie gewonnen so zerronnen, so ist der Lauf der Welt - allerdings nur im Ego-Bewusstsein. Das wird uns in der Programmierschule wohlweislich verschwiegen, denn das Erreichen des Cosmic Consciousness ist unerwünscht, weil mit solchen *freien* Menschen nichts zu verdienen ist.

Es ist für den Menschen nicht nur möglich, sondern vorgesehen, dass er die dauerhaften Varianten der o.g. erstrebenswerten Zustände - also GOTT selbst - in sich erfährt.

Wie ist das möglich? Indem der Mensch all sein Denken, Tun, Handeln, all sein Wollen, Streben und all seine Liebe auf ein einziges Ziel ausrichtet: auf seinen GOTT.

Was bedeutet das? Es bedeutet nicht, dreimal die Woche in eine Kirche zu rennen, Gebete auswendig zu lernen, jeden Tag ein Kapitel aus der Bibel zu lesen oder viel Geld zu spenden an Bedürftige. Dies alles hat mit SPIRITUALITÄT nichts zu tun, vielmehr dient es dem Ego, das sich daraufhin als „gut" empfindet, in seinem üblichen Gegensatzdenken zu „böse". Es geht daher nicht darum „ein guter Mensch" zu werden, sondern es geht darum, ein echter Mensch zu werden, ein authentischer Mensch, und kein blosser Wiederkäuer von Fremdprogrammierungen. Derjenige, der nach irdischen Bewertungsmassstäben ein „Bilderbuchleben" führt, der folgt lediglich exakt den Idealprogrammen. Es sind die sogenannten „verkrachten Existenzen", die aufgrund ihrer unbeugsamen Individualität Anwärter auf das Verlassen des Karmakarussels sind.

Derjenige, der SPIRITUALITÄT erleben will, muss den einen, den grössten Schritt in seinem Erdenleben vollziehen: Er muss GOTT kennen lernen, und zwar in sich selbst.

Denn dieser seltsame, unbegreifliche, unvorhersagbare GOTT hat es so eingerichtet, dass wir in uns selbst die unzerstörbare Kontaktstelle besitzen, an der wir IHM begegnen können - und zwar NUR dort. Wir finden IHN niemals in anderen Menschen, auch nicht in der Natur, nicht in Tempeln oder Kirchen und nicht in den Weiten des Weltalls. Denn wer all dies nicht hätte, wer keinen Zugang zu diesen *äusseren* Orten hätte, der hätte ja keine Möglichkeit, GOTT kennen zu lernen. Ein jeder hat ES - völlig unabhängig von äusseren Umständen oder Personen oder von Begebenheiten. Dennoch können diese äusseren Dinge Anfängerkrücken sein, um einen ersten Zugang zu finden. Später braucht der Mensch das alles nicht mehr, wenn die direkte Kommunikation eingesetzt hat.

GOTT will einen jeden von uns für Sich, JETZT. Wer in sich GOTT nicht gefunden hat, wird IHN auch in der Kirche nicht finden, denn wir selbst sind es, in denen ER sich aufhält. Weil es keine Trennung in uns von GOTT gibt, erreichen wir IHN immer und überall. Nur das niedrige Ego-Bewusstsein beharrt stur auf einer angeblichen Zweiheit - der Mensch hier und GOTT dort, fern, unerreichbar, strafend und wertend wie die Eltern der Kindheit, unantastbar und desinteressiert, verständnislos für unsere Fehler und Ängste, ...

Im menschlichen Inneren ist der äusserst persönlich werdende, liebende GOTT anzutreffen, den Jesus, der Christusmensch aus dem Höheren Bewusstsein, uns vorgestellt hat. Finden muss ihn ein jeder in sich selbst, in der Stille seines privaten Kämmerleins, und GOTT wird da sein. Ich schreibe wie stets aus eigener, selbst erlebter Erfahrung: GOTT antwortet, und zwar immer, ausnahmslos, es ist mir noch nie anders untergekommen. Nur antwortet ER nicht, wie und wann mein Egoverstand es will. Wenn ich IHM freie Hand lasse, fallen IHM die allerschönsten LIEBES-Erklärungen ein. Ich habe in nun fast fünfzig Erdenjahren noch nie zuvor jemanden kennen gelernt, der so leidenschaftlich und wahnsinnig und umfassend total, unbegreiflich und bedingungslos liebt wie ER.

GOTT ist kein Anderer, der ausserhalb von uns steht und uns tadelt und ermahnt. So wollte man uns schon als Kindergartenkinder auf GOTT-Ferne programmieren, damit die Erwachsenen es mit unserer sog. Erziehung leichter hatten und damit wir später brave, ängstliche Konsumenten wurden. Denn wir sollten das Denken erlernen, dass Geld die Welt regiert und man erst etwas werden müsse und dass es nicht genug für alle gebe.

Den echten GOTT lernte ich weder zu Hause, noch im Kindergarten, noch in der Klosterschule, geschweige denn in der Kirche kennen. Ich lernte IHN kennen, als ER bereits begonnen hatte, mein altes Leben zu demontieren. Unsere Beziehung begann damit, dass ich mich wie eine Ertrinkende an Seine Hosenbeine klammerte. Nachdem ER mich eine Weile mitgeschleift hatte, fragte ER mich, ob ich nicht endlich auf Seine Arme gehoben werden wolle...

Wem gehört das Geld?

Alles Geld und aller Besitz auf diesem Planeten gehören nur einem. Dieser eine ist Inhaber sämtlicher Banken, Industrieunternehmen, Aktiengesellschaften und Geschäfte, ihm gehört sowohl das beliebte Bekleidungshaus in der Innenstadt als auch sämtliche Tankstellen, die Autohäuser, die Gastronomie an deinem Wohnort, das Flughafenbistro und sogar die komplette Verwaltung deiner Stadt. Ihm gehört jeder einzelne Pfennig auf diesem Planeten, jedes Sparguthaben, jedes Bankkonto. Denn ER allein ist der, von dem alle handelnden Individuen ihre KRAFT und ihr LEBEN beziehen. Niemand konnte oder kann jemals etwas ohne GOTT tun, auch wenn das kaum jemand hören will. Es gibt keine zweite Quelle von LEBEN bzw. BEWUSSTSEIN.

Was genau ist Geld?

Das, was das Universum zusammen hält und was auf allen Bewusstseinsstufen zu finden ist, ist LIEBE, gross geschrieben, als Synonym für BEWUSSTSEIN, also mit einem kurzen Begriff: GOTT. (Wer den Begriff ablehnt und mit Umschreibungen umhereiernd herumhantiert, zeigt nur eins: dass er nicht mit seiner Kindheit abgeschlossen hat.)

GOTT ist die allem Existierenden zugrundeliegende KRAFT. Und die einzige KRAFT, von der sich alles, was lebt, in kleinem oder grossem Masse individuell bedient.

GOTT als das Höchste BEWUSSTSEIN und gleichzeitig als Summe allen individualisierten BEWUSSTSEINS ist das, was alles Lebendige es animierend durchdringt, und dieses von GOTT Durchdrungensein erleben wir als LIEBE. Wir fühlen IHN in unserem Wesen und sogar bis hinunter in unseren Körper. Denn ER ist unendlich - jedoch zugleich persönlich, sobald ER sich in einem Menschen als Fokuspunkt kristallisiert.

So nennen wir Menschen diese Wahrnehmung: Liebe. Wer seinen Partner „liebt", erfährt eigentlich GOTTES Präsenz in sich. Der Partner hat damit rein gar nichts zu tun, er ist nur ein Auslöser, ein Trick, ein Kunstgriff, und in der

Rückkopplung erfahren wir, wie GOTT ist, denn darum geht es - und nicht um den anderen Menschen. Liebe und eines Tages höhere LIEBE sind erfahrbar *ohne* irgendein Gegenüber. Ego will so etwas nicht wahr haben, denn die andere Person ist für es sooo sehr wichtig. Wehe, der Partner wird ihm weggenommen oder geht weg! Manchmal nimmt GOTT uns solche Klammerbeziehungen absichtlich weg, damit wir voranschreiten können.

Menschen erfahren die Göttliche LIEBE umso mehr, je freier die Wahrnehmung des betreffenden Individuums ist. Umso weniger, je *enger*, voller *Angst* also ein Mensch ist. Je niedriger der Grad des individuellen Bewusstseins, desto mehr Angst ist stattdessen vorhanden. Egos leben in beständigem Krieg mit allen anderen Egos, denn ihnen wurde beigebracht, dass es vermeintlich nicht genug gibt, und sie agieren aus einem alles beherrschenden Mangeldenken in allen Lebensbereichen heraus. Angst - Angst - Angst. Es gibt keinen Mangel, denn GOTT sorgt stets masslos für alles, was in IHM lebt. ER zählt nichts ab, weder die Blätter an einem Baum noch das LEBEN, dass ER dir zur Verfügung stellt. Nur dein Denken allein limitiert dich, bzw. dein Aufenthalt auf der Bewusstseinsebene des Self Consciousness bedingt deine Begrenzung. Wenn du in das Höhere Bewusstsein eintrittst, erlebst du eine andere WAHRHEIT: die des unendlichen Überflusses. Es reicht nicht, sich Affirmationen auf den Badezimmerspiegel zu malen. Es muss durch innere Arbeit der Boden bereitet werden, und zwar lebenslang, damit aus dir, *einem uninteressant aussehenden kleinen Kern,* eine fruchtige, rot leuchtende Tomatenpflanze werden kann[6].

Vertrauen lernt ein Mensch im Self Consciousness wie alles andere nur als temporäre Erscheinung kennen. VERTRAUEN hingegen ist eine höhere, Göttliche Eigenschaft von Menschen auf der Stufe des Cosmic Consciousness. Ego kennt auch das Gegenteil von Vertrauen, nämlich Misstrauen bzw. Zweifel, und daher kann im Ego-Zustand des Bewusstseins Vertrauen stets nur eine begrenzte Zeit andauern, solange, bis der Zweifel im karmischen Wetterhäuschen wieder nach vorn kommt. Beobachte dich selbst. Dein Vertrauen in deinen Partner ist von vielen Umständen und von seinen Verhaltensweisen abhängig. Es ist nicht bedingungslos. Es muss irgendwann Zweifel geben, denn eure Beziehung gründet nicht auf GOTT, sondern auf dem Ego-Bewusstsein. *Gib es mir, dann gebe ich es dir.* Also ist das ein Tauschgeschäft. Wenn der andere dir nichts mehr

---

[6] vgl. dazu das wunderbare Buch von Ruby Nelson

gibt, bleibst du dennoch in Liebe mit ihm *geeint*? Natürlich nicht.

Daher schreiben wir diese temporäre, bedingte, von Umständen abhängige Liebe nicht in Grossbuchstaben, um sie von der Göttlichen LIEBE zu unterscheiden. Dieses Thema wurde ausführlich in Teil 1 dieser Schriftenreihe, Über die LIEBE, behandelt. LIEBE gehört immer GOTT, niemals zu einem anderen Menschen.

Überall, wo LIEBE nicht die Grundlage des Geschehens ist, regiert GOTT-Ferne, also Angst, und daher fungiert Geld, das untrennbar an Angst gekoppelt ist, auf der irdischen Bewusstseinsebene des Self Consciousness stattdessen als Ersatzmittel für LIEBE. Wenn du nicht aus LIEBE zur Arbeit gehst, tust du es wegen des Geldes. Es muss sich für dich *lohnen*, sonst bleibst du lieber im Bett.

„Er ist Rentner und muss endlich nicht mehr zur Arbeit!" Da frage ich mich, ob er nicht lebenslang die verkehrte Wahl gelebt hat, wenn jetzt so über sein Verhältnis zur Arbeit gesprochen wird? Zum Glück hat er ein grosses Sparguthaben und eine gute Rente, so dass er auch im Alter noch gut versorgt ist. Das ist Egos kleines Denken und Sorgenmachen.

Geld regiert keinesfalls die Welt, wie uns irrtümlich beigebracht wurde, sondern es ist nichts mehr als ein Mittel, um Menschen in Angst zu halten; **Angst regiert die Welt des Self Consciousness**, und mittels Geld kann diese Angst gelenkt werden und somit der ängstliche Mensch. Er wird erpressbar, kann eingeschüchtert und bedroht werden, kann genötigt und bestraft werden, alles mittels Geldgabe oder Geldentzug. Wer seine Angst verliert, mit dem kann all dies nicht mehr getan werden, denn er verknüpft keine Emotionen und keine Erwartungen oder Befürchtungen mehr mit Geld.

Self Consciousness und Angst, somit: Geld sind untrennbar gekoppelt. Im Cosmic Consciousness hingegen verliert Geld automatisch seine Bedeutung, da das Individuum im Höheren Bewusstsein angstfrei ist und nichts mehr gewinnen muss: So ein Mensch hat schon ALLES, denn alles, was GOTT ist, gehört ihm *und er weiss das*.

Geld wird in der irdischen Welt der Egos also benutzt, um über Menschen zu bestimmen und in ihnen Schuld(-en) zu erzeugen. Geld ist daher ein analoger Ausdruck des geistig-seelischen Prinzips, das wir unter dem Begriff *Karma* kennen: Wer sich eine karmische Schuld aufgeladen hat, so lehren uns religiöse Richtungen und auch die sich daraus freimütig und äusserst kreativ bedienende Mainstreamesoterik, der muss reinkarnieren und im nächsten Leben durch Erfahren *des Gegenteils* (Dualitätsprinzip des Self Consciousness!) einen Ausgleich schaffen. So bleibt er oder sie in der Karmaschleife gefangen und dreht sich Lebenszeit für Lebenszeit, besser ausgedrückt: Inkarnation für Inkarnation im Kreis. Für alles muss bezahlt werden, und genau das ist das Gesetz des Karmas, das die Grundlage für Reinkarnation ist. Wir finden dieses Prinzip in der Esoterik zudem im sagenumwobenen „Energieausgleich", in dem verzweifelten Bemühen, kein neues Karma anzuhäufen, in niemandes Schuld zu verbleiben also.

Das Verlassen der Reinkarnationsschleife bedeutet den inneren „Aufstieg" in ein Höheres Bewusstsein, also raus aus materiellem (auch esoterisch-materiellem) Denken und hinein in die FREIHEIT. Dabei wird nicht der physische Ort gewechselt, sondern der innere Dreh- und Angelpunkt allen Denkens und Tuns und Handelns. Nicht der ist frei, der sich gegen „die Regierung" stellt und seinen Personalausweis verbrennt, sondern der, der nur noch einer einzigen AUTORITÄT im Leben seinen

GLAUBEN schenkt.[7] Frei ist nur der, der angst-frei ist. Alle anderen sog. Freiheiten sind Illusionen.

Als ich vor etlichen Jahren noch durch die Esoterikfachabteilung wanderte, wurde mir von anderen Leuten beigebogen, dass das Ziel sei (wegen der anzustrebenden *Wellness* und des anzustrebenden Wohlstandes, der ein vermeintliches äusseres Zeichen für innere hohe Spiritualität sei), eine ganz tolle Arbeitsstelle zu bekleiden, in der für wenig Aufwand viel Geld fliesst. Angeblich ist sowas ein Zeichen, dass jemand spirituell weit fortgeschritten ist, bzw. dass er oder sie sich mit seinem sog. *Herzmagneten* alles manifestieren kann, was das Ego sich wünscht. SPIRITUALITÄT ist dagegen GOTT-Zugewandtheit und wird Ego daher nie begegnen. Das Ende allen selbstbezogenen Wünschens, das allein ist Spiritualität. An seine Stelle tritt der einzige wahre Wunsch: zu DIENEN.

Zu Beginn des WEGES, sofern also der Mensch darauf gehievt wurde, gerät der Sucher rasch an diese Esoterikfachabteilung, die ver-spricht, dass alle weltlichen Probleme durch ihre Mittel, Methoden und sog. *Practitioner* gelöst werden, als

---

[7] Der spirituell höchst wirksame Mechanismus des „GLAUBEN Schenkens" wird ausführlich erörtert im Büchlein über Manifestation, Heilen und HEILUNG.

da wären: die bisher vergebliche Jagd des Egos nach Geld, nach Glück und nach Gesundheit. Natürlich springen alle Egos leicht darauf an und leeren eifrig ihre Taschen, egal wie wenig noch darin war, als sie in den verheissungsvollen Sog der Erlösungsversprechungen gezogen wurden. **In der Mainstreamesoterik werden marktwirtschaftliche Methoden und Ziele auf spirituelle Inhalte angewendet.** Mit echter SPIRITUALITÄT hat das natürlich rein gar nichts zu tun. Wer damit nicht zufrieden gestellt werden kann, wer also nicht allein seinem Ego folgt und somit tatsächlich auf dem WEG ist, der hinterfragt das ganze Zeug der Esoterik recht bald und wird zu anderer Literatur und zu anderen Aussagen geführt und, mehr noch: zu anderslautenden *eigenen Erfahrungen.*

Die Welt des Self Consciousness ist also auf dem Angstsystem oder synonym: Geldsystem aufgebaut statt auf LIEBE. Eine Welt, die auf LIEBE fusst, kann andersherum keine ängstlichen Egos beherbergen. Deshalb hat Jesus, der Christusmensch, der aus exakt so einer anderen, höheren Welt zu uns kam, uns erklärt, dass ein Reicher nicht in das Königreich GOTTES = das Höhere Bewusstsein gelangen kann: Sein Bewustsseinszustand des Self Consciousness lässt das schlichtweg (noch) nicht zu. Wer noch am

Geld hängt, ist voller Angst, und der hängt damit am niedrigen Ego-Bewusstsein fest. Das ist keine moralische Wertung, sondern es ist, wie es ist.

Es sind zwei völlig unterschiedliche energetische Grundlagen für das jeweilige individuelle Leben, und ein jeder Mensch hat die freie Wahl, welchem dieser beiden Herren er oder sie dienen will. Der eine lebt von und für GOTT, der andere aus Angst von seinem Geld und für es. Daher wird letzterer die Hohen Zustände FRIEDEN LIEBE FREUDE GLÜCK VERTRAUEN REICHTUM STILLE usw. leider nicht kennenlernen und eine neue Chance brauchen, noch einmal hier auf Erden zu leben und dann *die bessere Wahl* zu treffen. Es sei denn, er reisst das Ruder jetzt und hier herum und wendet sich dem einzigen zu, der ihm alles GUTE bescheren kann: GOTT.

Denn jeder Mensch kann sich just auf dem Platz, wo er gerade steht, umwenden und sieht sogleich den Ausweg, das ist mit der biblischen *Umkehr* gemeint. Wenn du dich umwendest, wenn du die Richtung deines Lebens tatsächlich vollständig änderst, dann erlebst du allerdings noch einen anderen Effekt: Dann kommen dir alle anderen Leute für den Rest deiner Zeit hier entgegen. Sei gewappnet.

Als ich vor vielen Jahren begriff, dass das Jobcenter nicht mein Feind ist, sondern dass

GOTT es neben vielem anderen als Werkzeug benutzt, um mir etwas über Sich und mich und unsere Beziehung zueinander zu zeigen, wandelte sich meine Sicht der Dinge für immer. Ich verliess den egomässigen Kriegsmodus und wurde innerlich endlich frei. Schliesslich löste sich das ganze Thema sehr rasch auf, denn es wurde nicht mehr gebraucht.

Wir bekommen von GOTT niemals etwas, was wir nicht brauchen, doch was wir brauchen, das haben wir unfehlbar immer. Da im Self Consciousness schwarz und weiss herrschen, versteht der Ego-Mensch so etwas nicht, denn wie kann jemand eine Krankheit oder einen Verlust brauchen, was in seinem eingeschränkten Denken als schlecht bewertet wird?

GOTT kennt kein gut und böse, kein gut und schlecht, denn GOTT lebt nicht im niedrigen Self Consciousness.

Wer das Königreich GOTTES = das Höhere Bewusstsein sein eigen nennt, dem wird alles andere (da weniger wichtige) automatisch hinzugetan. Sind diese anderen *Dinge* dann überhaupt noch von Bedeutung? Nur Ego will immer mehr und mehr und mehr haben. Ego kann das Königreich GOTTES nicht betreten.

Arbeit und Beruf

Das Thema Beruf ist in unserer Welt untrennbar mit dem Thema Geld verknüpft. Ob du eine Arbeit hast oder keine, ob du Geld hast oder keines, in jedem Fall musst du dir diese beiden Bereiche sehr gründlich anschauen, denn sie sagen etwas über deinen von dir festgelegten Selbst-Wert und deine Beziehung zu GOTT aus. Leider wurden diese Bereiche in der programmierten Ego-Welt unselig verbunden, daher musst du hier für Ent-Kopplung sorgen.

Dies geschieht durch Einsicht. In GOTTES Augen hast du einen Selbst-Wert, d.h. *aus dir selbst heraus* bist du wertvoll, schon bevor du auch nur ein einziges Zeugnis von irgendwem auf Erden bekommen hast. Die einzige wahre Autorität für dein Leben ist GOTT und **niemand** anderes. Das war nie anders und wird nie anders sein. Solange du äusseren Autoritäten folgst, wirst du stets ein Spielball der Umstände sein, d.h. über deine Existenzangst gelenkt werden, mittels Geld oder mittels Geldentzug, mittels Androhung von Kündigung oder Versprechen einer Beförderung.

(Viel) Geld fliesst auf Erden stets dort, wo keine LIEBE als Grundlage für den Austausch oder das Zusammensein vorhanden oder zu erwarten ist, sondern wo stattdessen die Angst herrscht, die

Festhalten notwendig macht. Dies gilt auch für Ehen, doch das soll hier nicht Thema sein.

Wer nicht erwarten kann, dass Menschen freiwillig für seine (finanziellen oder Macht-) Ziele arbeiten, der braucht das Beamtentum, d.h. Menschen, die durch so viele materielle Vergünstigungen fest genug eingewickelt werden, dass sie unter allen Umständen bleiben und nicht mehr so genau hinschauen, was in den Strukturen über ihnen vor sich geht. Dies ist eine unschöne Wahrheit, doch ein jeder möge seine eigenen Beobachtungen und Gedanken dazu machen; ich habe das nicht erfunden, es findet seit langem statt. Im Hinblick auf die spirituelle Entwicklung ist es sicherlich nicht förderlich, sich lebenslänglich zu verpflichten, denn wir wissen bereits, dass das Leben ewig ist. Inkarnationslang wäre noch vertretbar, doch Beamter „auf Lebenszeit"...? Wie steht es dann um das notwendige Verlassen des Inkarnationsrades? Der Mensch soll dem System dienen und nicht das System dem Menschen, und das erkennen wir spätestens dann, wenn wir es mit HartzIV zu tun bekommen. Selbst erlebte Erfahrung.

Schaut euch die Jobs[8] an, die auf Erden am besten bezahlt sind: Dort tobt Ego in Höchstform. Egal ob Fussballstar (beachte die Wortwahl: Star- also Stern) oder Hitparadenstar (noch ein Stern), egal ob in einer „Führungs"-Position, wo ein Mensch über viele andere herrschen darf (wer würde das bitteschön *von Herzen* wollen?)[9] oder an der Spitze einer Beamtenlaufbahn (wer die vom System vorgegebenen Regeln in Vollendung viele Jahrzehnte lang befolgt hat, der allein kommt endlich dorthin und hat vermeintlich *ausgesorgt*).

Und nun schaut euch die minderbezahlten Jobs an, in denen zuhauf idealistisch geprägte Menschen zu finden sind. Es ist stets vorrangig wichtig, selbst zu beobachten. Wo Geld betreut wird, z.B. im Bankwesen oder auch nur in der Buchhaltungsabteilung einer Firma, fliesst entsprechend mehr Geld als in anderen Abteilungen. Der Mensch, der dem Chef die Toilette putzt, was *verdient* der? An Geld sehr wenig, doch dieser DIENST wird, sofern in der korrekten Geisteshaltung ausgeübt, unendlichen spirituellen GEWINN bringen. Dieser Mensch zahlt unablässig auf das himmlische Bankkonto

---

[8] Job - Arbeit - Beruf - Berufung lautet aus meiner Sicht die Steigerungsreihe in Sachen LIEBE und Engagement

[9] Warum heisst das nicht Herrschungsposition?

ein, der sammelt seine Schätze im Himmel, d.h. er arbeitet an seinem BEWUSSTSEIN.

Wer in allen anderen Menschen *den Guru sieht*, also GOTT sieht, der putzt die Toilette für IHN, der wäscht und bügelt und fegt die Strasse für IHN. Die Würde dieses Menschen ist wahrhaft unantastbar.

Wo es um den Menschen geht, wie bei Kindergärtnern, Friseurinnen, Krankenpflegern, dort fliesst nicht viel Geld. Dort geschieht noch DIENST aus Nächstenliebe und Engagement heraus. Geld zu betreuen ist in einer Welt der Angst lukrativer als Menschen zu betreuen. Beachte die verdrehte Wertigkeit.

Ich nehme an, die Vertreter und Vertreterinnen dieser „schlecht bezahlten" Berufsgruppen beginnen nun, ihre Situation mit anderen Augen zu sehen. Mein LEHRER sagte einmal zu mir, als ich in einem echten Knochenjob unterwegs war, für dessen Bezahlung andere nicht aus dem Bett aufgestanden wären: *Es wird Zeit, dass du deine Arbeit anders einwertest...* GOTT sieht die Sachverhalte ganz anders, und sobald du dich auf SEINE Sichtweise einlässt, wirst du Wunder erleben. Dort hat sich eine Riesenmenge GLÜCK versteckt.

Die Krone der Unterbezahlung war in meinem Leben die Arbeit als Integrationshelferin. Ich arbeitete damals als kostengünstige da ungelernte

Kraft. Dort bekam ich solche „Unsummen" Geldes vom Arbeitgeber, dass ich mit HartzIV aufstocken musste, und das war die intensivste, lehrreichste Zeit meines ganzen Berufslebens. Ich zehre noch jetzt, nach Jahren, von den Erlebnissen und Erkenntnissen, die ich dort sammeln durfte. Hier sehen wir bereits, dass Geldfluss und GLÜCK sich nicht bedingen, eher wird andersherum ein Schuh draus. GOTT hat seine Ziele an mir durchgebracht, dazu war ihm die Stelle gerade recht. Uns hat damals trotzdem nichts *gefehlt*. Ich habe seit fünfzehn Jahren keinerlei finanzielle Rücklagen, und doch sind wir nie auch nur ein einziges Mal in irgendwelche Zahlungsprobleme geraten. GOTT war immer schneller. Nur wer GOTT nicht kennt oder nicht kennen will, der muss sich unter Einsatz von ganz viel Geld gegen das LEBEN absichern. Geld ist nichts weiter als ein durchlaufender Posten, und so behandelt GOTT es, wie alle anderen materiellen, temporären Erscheinungen. Und sobald du GOTTES Sicht der Dinge einnimmst, wird es das auch für dich sein.

Menschen im Self Consciousness hängen sehr an ihren ergatterten Arbeitsstellen, doch nicht aus LIEBE, sondern wegen des Geldes, das sie für ihre Arbeit erhalten, also: aus Angst. Damit verhindern sie Weitergehen und Entwicklung. Sie ertragen allerhand Zustände und schlechte Behandlung durch Despoten und Egomanen, die als ihre Chefs fungieren und vieles andere mehr. Wir wurden so programmiert, dass „man" eine gut bezahlte Arbeitsstelle haben muss, damit „man" sich im Leben etwas leisten kann.[10] Dass das die absolut verkehrte Basis ist, um im Leben zu GLÜCK und ERFOLG zu gelangen, ist mittlerweile klar. Niemand in Deutschland verhungert, wenn er oder sie in Teilzeit arbeitet, selbst erlebte Erfahrung. Und auch HarztIV bringt niemanden um, ausser vielleicht ein zu stolzes Ego, das sehr viel Wert auf Äusserlichkeiten legt.

HartzIV habe ich als sehr schwer und daher als sehr heilsam empfunden (und das zehn Jahre lang!). Was ich damals über Wollen und Brauchen lernte, hilft mir noch heute. Zu einer Arbeitsstelle zu gehen bzw. überhaupt regelmässig etwas zu arbeiten, was nicht einem selbst dient, ist nichtsdestotrotz sehr förderlich für das spirituelle Vorankommen, das ist meine selbst erlebte Erfahrung nach einem Streckenabschnitt ohne Arbeitsstelle zu Beginn meines WEGES. Der Mensch ist nicht zum Nichtstun auf der Erde anwesend, sondern um allen anderen zu dienen. Arbeiten für Geld, doch niemals wegen Geld, wichtiger ist der DIENST.

---

[10] Das Wörtchen „man" ist ein Indikator für ein Programm.

Denk daran, dass du alles, was du tust, für GOTT tust. Dieses Wissen wird dich immer tragen, egal welche Arbeit du zu tun hast, und du wirst immer frei bleiben.

Meine Erfahrungsstrecke rund um Jobs und Berufe ergibt eine ziemlich lange Liste mit unterschiedlichsten Arbeitsstellen. Zuerst wollten mir sog. Autoritäten einreden, das sei nicht gut, wenn *man* so viele Punkte im Lebenslauf hat. Erstens hat es meiner Berufsfindung nicht im mindesten geschadet, und zweitens brauche ich diesen reichhaltigen Erfahrungsschatz für meine Schreibarbeit, wie u.a. für dieses Büchlein und für meine Blogs, Webseiten uvam. GOTT sieht die Dinge immer schon anders... Was Ego nicht verstehen kann ist, dass GOTT ein grösseres, umfassenderes Ziel mit dem Menschen im Sinn hat, als sein kleines Ego es je hätte, das nur bis zum nächsten Gehaltsscheck oder Sommerurlaub denkt. GOTT arbeitet mit dir inkarnations-übergreifend, und wenn dir etwas unlösbar erscheint, so mag das daran liegen, dass der Zeitraum, den du betrachtest, schlicht zu kurz ist. Das gilt übrigens für alle Probleme in deinem Erdenleben.

Einmal wurde eine Arbeitsstelle, die ich bis dato bekleidete, umgewandelt und ich fiel quasi einfach raus. Zuerst brach bei mir die Panik aus. Ein altes Programm sprang an, das besagte: *Es muss sofort eine Ersatzstelle her! Hilfe! Wir brauchen das Geld!* Ich schoss sofort Bewerbungen raus und ärgerte mich, dass ich überflüssig geworden war. usw. usf. Ergebnis: Ich wurde durch diese Ego-Kränkung krank und konnte mich eine Woche lang zu Hause mit diesem erlernten *Programm* beschäftigen. (Anmerkung: Wenn deine Arbeit dich krank macht, heisst das, dass dir Zeit zur Analyse deiner ungesunden Situation geschenkt wurde. Mach was draus.) Schliesslich wurde ich morgens am siebten Tage wach und wusste:

Es ist ganz leicht. Ich verzichte freiwillig. Ich drehte mich also innerlich auf dem Absatz um, liess all das Ärgern los und sah zu GOTT. Und voila: Ich fühlte eine massive innere FREUDE und FRIEDEN. Ist es nicht das, was jeder von uns ersehnt? FREUDE zu erleben und GLÜCK und FRIEDEN? Der Mensch im Self Consciousness versucht, sie über Umwege zu erreichen: über Geldmengen, Urlaube, Partnerschaften, Ruhm, Absicherungen, ... Sie sind jedoch in einem alles wandelnden Augenblick erreichbar, und nur *unabhängig* von den äusseren Umständen; kaufbar sind sie nicht. Ist jeder Millionär in FRIEDEN? Natürlich nicht. Er fürchtet, dass jemand ihm sein Geld wegnehmen bzw. er es verlieren könnte. Und selbst, wenn das nicht der Fall ist, zeigt er sehr klar seinen inneren Zustand nach aussen: Denn wäre er in FRIEDEN, würde er sehr rasch erkennen, dass Geld an sich selbst unsinnig ist und würde es weggeben, um FREI zu sein. Niemand braucht Millionen.

Auf dem spirituellen WEG gibt es keinen mühsamen Verzicht, sondern nur ein *Freisein von*. Alles, was materieller Besitz ist, bindet dich an diese niedrige Ebene. Gar nichts zu besitzen, ohne ein bestimmtes BEWUSSTSEINS-Level erreicht zu haben, bindet dich ebenfalls an diese niedrige Ebene. GOTT lässt sich nicht austricksen. Die irdischen Fesseln lassen sich einzig durch Einsicht lösen und durch damit einhergehendes wachsendes BEWUSSTSEIN (= wachsende Wahrnehmung des BEWUSSTSEINS = also GOTTES in dem betreffenden Menschen).

Auf dem Spirituellen WEG erfährt der Sucher in Sachen Geld die ungeschönte, schmerzhafte WAHRHEIT, die da lautet: **GOTT interessiert der Kontostand deines Bankkontos nicht.** IHN interessiert einzig der Zustand deines Inneren, und wer darin auf dem Thron sitzt und warum, denn ER trachtet danach, denjenigen dort hinunterzustossen und Sich selbst dort breitzumachen, sehr breit, so breit, dass nichts anderes mehr Platz darin hat. Und zwar damit DU das erfährst, wozu du als Mensch ausersehen bist: GLÜCK LIEBE REICHTUM FRIEDEN, ...

Die oberflächliche Weltbühne (Arbeitsplatz, Geldeinkommen, Ehe mit einem anderen Menschen etc.) ist für GOTT nur das Spielfeld, es geht IHM grundsätzlich immer um etwas anderes. Die materiellen Themen sind nur die Bühne und Kulissen für die dahinterliegenden *spirituellen* Themen. Aus sich selbst heraus sind sie nur Kulissen und nichts Substanzielles ist dahinter. Ich denke an diese Filmstudio-Westernstädte, hinter deren Hausfassaden nichts ist, nur abstützende Holzbalken. Das Kamerateam ist längst weitergezogen, zurück bleibt eine leere, doch von vorn betrachtet bunte und wie echt wirkende Illusion. Statt einfach dein Bankkonto aufzufüllen, wird GOTT dich also dahin bringen dir anzuschauen, warum du dich so sehr von Geld bzw. sogar von Zahlen an einem physisch nicht einmal vorhandenen Ort abhängig machst, und wo die Wurzeln deiner Probleme in deinem Denken und in deiner Lebenseinstellung liegen. Dieses vermeintlich unsinnige, un-menschliche Verhalten GOTTES hat also tiefer liegende Gründe. Sie aufzudecken tut weh, aber nur kurz, wohingegen lebenslange Abhängigkeit von Geldern bereits eine Abwärtsspirale in Gang gebracht hat, die über dieses Leben hinaus grosse Schmerzen nach sich ziehen wird, wenn der Betreffende es nicht endlich anschaut. Leiden ... ist stets freiwillig. Niemand muss Angst haben.

ER will jede Seele zu Sich ziehen, koste es, was es wolle. GOTT interessiert sich daher nur für deinen *spirituellen* Zustand. Zunächst ist es für das Ego eine sehr schmerzvolle Ansage, dass GOTT sich nicht dafür interessiert, wie wenig Einkommen gerade reinkommt, und es schimpft und zetert, wie GOTT so desinteressiert und grausam sein kann. Hier zeigen sich dem Ego über Projektion die Eltern der Kindheit in einem vermeintlich fernen Gott, so, wie wir es lebenslang über Gott im fernen Himmel gelernt haben, und Ego rebelliert wie ein bockiges Kleinkind, das mehr Taschengeld will.

GOTT verwendet stets alles Greifbare und alles, was in irgendeiner Form bereits in deinem Leben vorhanden ist, was dein Ego sich also bereits herangezogen hat, um SEIN Ziel damit zu erreichen: ER will dich. Und zwar ganz. Mit GOTT zu schimpfen ist womöglich der Beginn eines sehr fruchtbaren, lang andauernden Gesprächs...

Alles dient also immer und einzig dazu, den WEG in das nächst höhere Bewusstsein zu ebnen. Das ist der Sinn eines Lebens als Mensch.

Ego traut GOTT nicht und meint, selbst lenken zu müssen und ist vor Angst völlig aus der Spur und kommt nicht voran. Natürlich wird es zunächst höchst unbequem, wenn wir GOTT ans Ruder lassen, denn ER räumt rigoros und unfehlbar alles weg, was IHM im Wege steht, und Ego weiss das und wird es, bis es nicht mehr geht, hinauszögern. Bis eine Krankheit als letztes Mittel der SEELE die nötige verzweifelte Schubkraft liefern wird, um den Stöpsel endlich aus der Badewanne zu ziehen. Mir ist das auf einem anderen Lerngebiet so gegangen, als eine Krebserkrankung mir über eine narzisstische Beziehung endlich vollständig die Augen geöffnet hat - und in der Folge mein Selbstbild und meine Beziehung zu GOTT geheilt hat. Jede Krankheit dient der GESUNDUNG, immer ist das übergeordnete Ziel im Blick zu behalten. Darunter ordnet sich leicht alles unter, was uns tagtäglich - in welchem Gewand auch immer - begegnet.

Es geht also in keiner Weise um das Einkommen oder um die Arbeitsplatzbeschreibung – es geht im Leben einzig um die Beziehung des Individuums zu seinem GOTT.

Gelingt es dem Individuum nicht, in einer Inkarnation GOTT zu finden, muss erneut angetreten werden, und die Suche setzt sich für eine weitere Inkarnation fort. Es geht und ging nie um irgendetwas anderes. Wenn der Mensch ins Cosmic Consciousness gelangt ist, fühlt er oder sie diese Sehnsucht der SEELE sehr klar, ist sich darüber bewusst und tut nun endlich alles dafür, dass es in Partnerschaft mit GOTT gelingt, IHM näher zu kommen. Es ist also keine Option, die spirituelle Arbeit auf „später" zu verschieben. Du weisst nicht, wie lange du noch hier sein kannst und wohin du anschliessend gehst, und das wird dir auch niemals von Höherer Stelle gesagt werden, aller Esoterik zum Trotz, denn dein VERTRAUEN ist derartig wertvoll, dass dein Ego absichtlich nicht mit aufplusternden oder einschüchternden Informationen belastet wird.

GOTT beobachtet derweil deine Reaktionen auf alles, was ER dir probeweise hinwirft. Eine grössere Geldsumme, unverhofft, ohne Haken dran, oder ist er nur versteckt? Was wirst du nun damit tun? Welche Ängste, welche Gedankenketten kommen in Gang? Eine teuflische Arbeitsstelle, die dich vom Regen in die Traufe bringt, … wie wirst du entscheiden? Alles, was IHM gerade passt, wird genutzt. Denn IHM gehört alles und jeder auf diesem Planeten, GOTT ist allmächtig. Böses ist ebenso Mittel zum Zweck wie Gutes, denn Dualität existiert für GOTT nicht.

Vom Sorgen-Machen

Sorgen hat nur der, der sie *sich macht,* wie die deutsche Sprache sehr schön und wahr ausdrückt. Du erschaffst sie dir, angeregt von den

Fremdprogrammierungen der Katastrophenfilme aus Hollywood und von den Negativschlagzeilen in Zeitungen und durch die beunruhigenden Fernsehschul-Nachrichten. GOTT kennt keine Sorgen. Du wirst erstaunliche Erfahrungen machen, wenn du IHM deine sorgenvollen Ideen schon morgens beim gemeinsamen Beisammensein übergibst.[11] Dein Ego kreist stets um Sorgen von morgen und Stress von gestern, und das ist ein Beweis dafür, dass du kein VERTRAUEN in GOTT hast. Ego glaubt, für sein eigenes kleines Wohlergehen stets selbst verantwortlich zu sein, und es kommt nur Sorge dabei heraus: Vorsorge, Nachsorge, Sparen, Horten, Versicherungen. Wer an morgen denkt oder an gestern, ist mit den Gedanken fern von GOTT, der nur hier und jetzt erreichbar ist. Dies ist die urälteste Weisheit der Menschheit. Welchen Sinn macht es, innerlich fern zu sein von der Quelle allen REICHTUMS und der Sorglosigkeit?

In meinem aktuellen Internetblog startete ich einst den Aufruf zum Mitmach-Experiment „Wir kaufen nichts". Es ging um die Bewusstwerdung, wie oft wir geneigt sind, auf Vorrat zu kaufen statt nur Dinge, die wir wirklich akut benötigen, weil

---

[11] Es empfiehlt sich vor allem anderen, ein solches einzuführen.

wir sie tatsächlich aufgebraucht haben. Das ist ein sehr leicht durchführbares und sehr aufschlussreiches Experiment für Jedermann. Ich schrieb damals:

Wann gehst du einkaufen, und wie kaufst du ein?

Gehst du los, wenn der Prospekt dir sagt, es sei ein Angebot, und obwohl du noch zwanzig Packungen auf Vorrat hast, nutzt du diese einmalige Gelegenheit? Gehst du los, weil du heute jemanden gefunden hast, der dich mit seinem Auto zum Supermarkt karrt und du nutzt nun diese Gelegenheit und kaufst alles Schwere ein, obwohl du davon noch etwas zu Hause stehen hast? Wirst du unruhig, wenn die Zahnpastatube halb leer ist? Wenn du die letzte Wasserflasche angebrochen hast? Ich habe mich dabei ertappt, immer zwei von etwas zu kaufen, mit der inneren Begründung, falls eins plötzlich leer wird, damit ich nicht Probleme kriege. Hallo?? Der Supermarkt ist zwei Gehminuten entfernt und hat täglich von 7 bis 22 Uhr geöffnet ausser Sonntags.

Ich kann quasi jederzeit hingehen und Ersatz kaufen. Woher um alles in der Welt stammt dieses schräge Denken, ich müsste jemals etwas bevorraten? Geht es dir nicht auch so? Es sei denn, du lebst in den Wäldern. (Selbst dann ist Panik unangebracht. Nur das Üben ist etwas anspruchsvoller.) Hier ist also der am leichtesten erreichbare, da materielle Vertrauensübungsplatz. Ein jeder möge sich dahingehend selbst beobachten.

In einer Konsumgesellschaft wie der unseren ist täglich alles an Lebensmitteln und anderen Artikeln verfügbar. In der aktuellen „Pandemie"-Krise zeigt sich der geballte Irrsinn der Egos, die durch ihr angstübersteuertes, sinnfreies Horten von Toilettenpapier einen Engpass selbst erschufen, den es nie hätte geben müssen, wenn sie mehr Vertrauen und Entspanntheit besessen hätten. Etwas Absurderes als dieses Szenario hätte sich niemand ausdenken können. **Wer die Angst der Menschen lenkt, lenkt die Menschen.** Vernunftbegabte Wesen befürchten vor allem anderen, dass sie kein Klopapier mehr haben werden. Soweit ist es mit unserer „modernen" Gesellschaft also schon gekommen. Ego ist im Kern seines Wesens anti-sozial eingestellt und rafft im Zweifelsfall alles für sich selbst heran. Wer das nicht glaubt, möge sich das Verhalten der Leute in einer Krise sehr genau anschauen. Die Grenze nach unten zum Animal Consciousness wird in Zeiten von grosser Angst bis Panik sehr, sehr durchlässig.

Wir haben damals während des Experiments tapfer die Angebote auf den Wühltischen liegen und stehen lassen und nur gekauft, was wir wirklich akut brauchten. Eine Lehre daraus war, dass Werbung und Konsum uns zwingen, uns täglich mit Geld und Sparerei zu beschäftigen, denn so ist es gewollt. Wir erinnern uns: es gibt nur eine Auswahl: Geld oder GOTT.

Was du dauerhaft in deinem Tagesbewusstsein hältst, das allein ist dein GEBET, das bedeutet: darum bittest du GOTT, egal ob dir das bewusst ist oder nicht. Nun schau, was dein Denken derzeit am meisten beschäftigt... Sind es Sorgen und Ängste? Pläne für überübermorgen? Ein jeder Tag hat seine eigene Plage ... bist du im aktuellen Tag überhaupt anwesend?

Entzug ist Fasten für den Geist und daher sehr heilsam, egal ob es ums Fernsehen geht oder ums Konsumieren von Verbrauchsgütern. Denn dann kann wieder Klarheit in dein Denken kommen. In meinem Leben ist bereits seit Jahren alles wundervoll ruhig: kein Fernsehgerät, kein Radio, keine Zeitschriften oder Zeitungen. Ich halte mich von den Massenprogrammierungen so fern wie es in einer Welt des Self Consciousness eben geht. Ich habe in fünfundzwanzig zeitungsfreien Jahren nichts verpasst. Wir können wundervoll leben auch ohne die Meldungen aus anderen Teilen der Welt zu lesen (die meistens nicht einmal der Wahrheit entsprechen und von uns individuell nicht überprüfbar sind). MEGA SALE brauche ich nicht. Werbung ist zwanghaftes Erhaschenwollen deiner Aufmerksamkeit, um dich wegzulenken von dem wirklich Wichtigen, vom zentralen Element in deinem Leben. Ablenkung und Unter(n)haltung sind die grossen Ziele der Massenmedien. Du wirst in Angst und Schrecken gehalten, damit du leichter lenkbar bist. So wird die Tür nach unten zum instinktiven Animal Consciousness in dir offengehalten.

Erst durch die Abstinenz = das Erleben des natürlichen Normalzustandes (!) in Freiheit erkennst du, wie unnütz etwas ist und wie störend, nämlich die STILLE störend, die sich sofort auszubreiten beginnt, wenn du den überflüssigen Belästiger aus deinem Leben eliminierst. Besonders eindrucksvoll ist das wahrzunehmen, wenn der Fernsehapparat für immer aus deinem Leben verschwindet. Und du wirst noch etwas feststellen: Egos vorherige Befürchtung tritt nicht ein, denn du vermisst und verpasst *gar nichts*. Die Lücke wird sofort gefüllt mit anderem, denn GOTT weiss, was du *wirklich* brauchst, und dir wird daher alle Unterstützung zuteil, die es nur gibt. Denk dran, GOTT ist kein Anrufbeantworter, wie dir gern in der Esoterik suggeriert wird, die keinen allmächtigen GOTT über sich gebrauchen kann.

GOTT ist sogar *der einzige* mit Verstand und Vernunft in diesem Universum und DU bist der Anrufbeantworter.

Der Kardinalfehler im Denken der Leute ist, dass sie meinen, am anderen Ende der Leitung sei niemand. Sie reden nicht mit GOTT, weil sie argwöhnen, ER sei eh nicht da und wenn, dann höre ER nicht zu. Das sind lediglich Projektionen der Eltern der Kindheit auf dieses höchste aller Wesen. Natürlich ist GOTT immer da, nämlich im Inneren eines jeden Menschen, ER ist ja das, was uns belebt, auch den eingefleischten Atheisten. Und wenn es sehr still wird, wenn du mit IHM redest, dann liegt das daran, dass ER dir zuhört.

Versuch bitte nicht dauernd, alles im Leben allein zu „schaffen". Du kannst aus dir selbst heraus gar nichts schaffen, sondern nur still halten, damit AN DIR geschafft wird. Wenn du die Werbung rein lässt, tust du ja auch genau das: du lässt zu, dass du damit bombardiert wirst, hältst die Angriffe (denn das sind sie) still und ohne Gegenwehr aus und befolgst dann, was sie dir sagen (kaufe! konsumiere!). Wenn du dies, was du lebenslang geübt hast, nun noch an die korrekte Adresse richtest (GOTT), dann kann dein Leben seiner eigentlichen, glücklichen Destination entgegengleiten.

Es wird immer mal wieder vorkommen, dass ein Thema auftaucht, das dich runterzieht, in eine unnütze Seitenschleife deines Denkens lenkt. Ich sage mir in so einem Fall bewusst, dass ich die Sorge, die auftaucht, meinem GOTT gebe, der sie dann in den Göttlichen Aktenvernichter steckt. Alles IHM zu überreichen, deinen Schmerz ebenso wie deine Freude, das ist die Beziehung, die für dich vorgesehen ist.

Der Alltag auf dem WEG ist eine Ansammlung von Experimenten, die du er-lebst und von unüblichen Erfahrungen, die du machst, *die vor dir nur sehr wenige Menschen gemacht haben*. Die meisten Leute wollen sich die Mühe nicht antun und mit einem GOTT, der ihnen von ihrer Religion madig geredet wurde, *lebendige* Erfahrungen machen. Nicht jeder hat soviel MUT. Vertrauen haben zu sollen macht Menschen noch mehr Angst, die etwas anderes gewohnt sind: Vorsorgen, Versichern, Sparen, Hamstern, Festhalten. Zu erleben, wie GOTT unmittelbar antwortet, sobald wir den Klammergriff um Lebensversicherungen lockern, ist unbezahlbar, es ist wundervoll und erstaunlich. ER ist *um dich* ebenso, wie ER *in dir* ist, d.h. du bist wie eine Membran dazwischen, zwischen GOTT aussen und GOTT innen, ER ist überall. Und diese Membran, die du darstellst, kann ER vibrieren lassen, *nur* ER kann das. Es ist ein so wundervolles Erleben von Intimität und NÄHE, dass ich es niemals im Leben würde tauschen wollen. Wenn du dies einmal erfahren hast, wirst du es immer und immer wieder suchen, denn es ist so köstlich, dass nichts in der Welt es ersetzen oder auch nur imitieren kann. Doch ebensowenig, wie ich dir beschreiben könnte, wie Marzipan schmeckt, kann ich dir dieses Empfinden mit Worten beschreiben. Du musst eigene Erfahrungen machen.

Deine materielle Versorgung ist für GOTT ein durchlaufender Posten, das arbeitet ER quasi nebenbei mit dir ab, auch wenn du es heute vielleicht noch sagenumwoben wichtig findest, etwas Bestimmtes in deinem weltlichen Besitz zu haben. Wirklich interessant wird es erst bei immateriellen Umständen und Themen, dem Berufsfeld zum Beispiel, und mit der zwischenmenschlichen Liebesbeziehung als Krone aller Übungsschauplätze. Beginne ganz unten, Vertrauen zu üben, wo es leicht und ungefährlich für dich ist. *Kann ich warten, bis etwas wirklich leergebraucht ist, bevor ich es auf den Einkaufszettel setze? Kann ich leben ohne eine Horde Konserven im Schrank? Kann ich die Tiefkühltruhe weggeben?*

Hier zeigt sich dir dann der eklatante Unterschied von *wollen* zu *brauchen*. GOTT wird das Wandeln deiner Sichtweise mit dir üben, und das bedeutet nicht, dass du nie wieder etwas bekommst, was du gerne haben willst. Vielleicht willst du all diese Dinge, die du jetzt anstrebst, dann jedoch gar nicht mehr haben ... weil du den Unterschied kennst – des Übersättigtseins übersteigerten Konsums - und daneben die Leichtigkeit des Vertrauens... diese freie Leere wie bei einer heilsamen Fastenkur. Diese Erfahrung nimmt mir niemals mehr jemand weg, und dir nimmt auch niemand mehr deine selbst erlebten, selbst ausprobierten Erfahrungen. Und auch, wenn das oben Beschriebene für deine verwöhnten Ohren vielleicht albern klingt: Dies waren und sind die kleinen Treppenstufen für das grosse VERTRAUEN.

Das VERTRAUEN, das ich brauchte, als ich unzumutbare Arbeitsbedingungen beendete und zu HartzIV zurückging, *freiwillig*. Und nichts Schlimmes passierte, keine Sperre wurde mir auferlegt, nichts – stattdessen flogen neue Türen weit auf, und schliesslich kam meine heute noch heiss geliebte Arbeitsstelle zu mir, zu deren Gunsten ich eine zweite Option sogar ablehnen musste. Das VERTRAUEN, das ich brauchte, als ich zu meiner Darmtumor-OP ging.

VERTRAUEN ist Übungssache. GOTT hat diese Kommunikationsform in jedem von uns angelegt, und wir können es nutzen oder eben nicht: freier Wille. VERTRAUEN ist eine enorme spirituelle KRAFT - und nicht eine Eigenschaft naiver Leute.[12] Spirituelle Gaben sind immaterieller Natur, und sobald du dir von GOTT etwas wünscht, was ER selbst ist, wirst du es unfehlbar erhalten: LIEBE FRIEDEN GLÜCK REICHTUM VERTRAUEN ... Und ER beginnt zugleich, deine inneren Stolpersteine mit dir zusammen partnerschaftlich aus dem Weg zu räumen. Das ist der GOTT, den die Programmierungen dir bisher verschwiegen haben. So gibt uns GOTT an jedem Tag unseres Lebens VON SICH SELBST, ohne eine Gegenleistung dafür zu verlangen. So reich ist ein spiritueller Mensch, dass niemals eine (spirituelle) Versorgungslücke entsteht. Denn alles, was GOTT ist, ist Seins. Irgendwann in irgendeiner Inkarnation wächst das Bewusstsein des Menschen in den Bereich hinein, in dem es auf anderes als auf Geld und Besitz ankommt. Und dann entfaltet sich wahrer innerer REICHTUM. Was sich gleichzeitig auf der niedrigen, materiellen Ebene abspielt, wird unwichtig. Es wird erledigt und nicht weiter drüber

---

[12] Vgl. hierzu ausführlich Teil 2 aus dieser Reihe *Über Manifestation, Heilen und HEILUNG*

nachgedacht. *Gebt dem Kaiser, was des Kaisers ist.*[13] Es hat nichts mit unserem WEG zu tun. Dort, wo wir hingehen, gibt es keinen Mangel und auch keinen Krieg mehr, sondern echte Menschen in einer authentischen Welt ohne Fernsehschule.

Woher du weisst, was GOTT für dich will

Lauschen, was GOTT will, ist das erste Gebot, und zwar: nach innen lauschen. Es wird keine Stimme aus einem Busch ertönen, die dir sagt, wohin du gehen sollst. GOTT spricht rein über dein inneres Empfinden. FRIEDEN oder Unfrieden? Sitzt etwas quer oder läuft es geschmeidig? Damit ist nichts ausgesagt über den Spassfaktor oder ob du es bequem hast in der Arbeitsstelle. Es kann trotzdem richtig sein. GOTT ist ein GOTT des Obwohl. Das Gefühl, dass etwas stimmt, auch wenn es schwer erscheint, ist untrüglich. Gleichfalls das Gefühl, dass etwas verkehrt ist, obwohl es leichtgängig daherkommt. Du musst lernen, diese Empfindungen wahrzunehmen, du musst *Unterscheidungsvermögen* entwickeln, und das kann dir niemand abnehmen. Fühlen, fühlen, fühlen! Es gibt keine Seminare dafür. Der innere Dialog mit GOTT und das Üben mit IHM sind

---

[13] Matthäus 22:15-22

unabdingbar not-wendig. Dies lässt sich von jedem üben, und GOTT hilft, immer.

Nun wirst du vielleicht denken, *Na, ich hab mit Geld eh nichts zu tun, denn ich habe nicht viel Geld, weil ich schon „sehr spirituell" lebe, und ich habe auch keine Versicherungen.* Es geht nicht um Boykott oder Protest, das sind Ego Verhaltensweisen, das stets „dagegen" ist, denn es lebt im beständigen Kriegsmodus. Niemand kann „den Staat" ärgern, indem er sich weigert, Steuern zu bezahlen oder einer regulären Beschäftigung nachzugehen, und Faulheit ist per se nicht spirituell.

Sei also wachsam: Wer kein oder wenig Geld hat, wird womöglich gleichfalls vom Geist des Geldes manipuliert und gesteuert, denn es zeigt sich an dem Grad der Angst und nicht an monetären Zahlen, wer materiell ausgerichtet ist. Manche werden zum Schnorrer bzw. Schmarotzer, und damit wird derjenige von denen abhängig, die noch vom Geld abhängig sind.

Sie lassen dich nicht in Ruhe, und mit Geld, das sie dir zuteilen oder entziehen, steuern sie dein angstgeprägtes Leben und deine Ent-wicklung, wenn du dich nicht davon *innerlich* befreist.

Verlagere alle Autorität und dein Wissen darüber, WER das Geld in Wirklichkeit zuteilt, von äusseren Scheinautoritäten auf denjenigen

zurück, dem es gebührt. Und du wirst augenblicklich wahrnehmen, dass du FREI bist.

Wenn GOTT für uns ist - wer könnte gegen uns sein?[14]

Es ist unwichtig, wieviel Geld du, in Zahlen ausgedrückt, hast, doch du wirst es in dieser Welt definitiv brauchen, um hier reibungslos durchzuwandern. Du musst es dir nicht unnötig schwer machen, das ist nicht spirituell, sondern dämlich. Es darf dich nur nicht *berühren* - nur GOTT darf dich BERÜHREN. Deine Emotionen und Gefühle als Reaktionen auf Geld sind die Zielscheibe, besonders natürlich deine Sorgen und Ängste darum herum. Dies hält dich fern von innerem FRIEDEN. Bezahle deine Rechnungen und vergiss sie. Ärgere dich nicht, wenn du etwas bezahlen musst. Sieh Geld als unwichtig an. Hier erweist sich die Mainstreamesoterik als das Teufelswerkzeug, das sie ist, und erklärt uns, Geld sei angeblich neutral. Das kann es niemals sein, denn Geld ist ein Ersatzmittel für LIEBE, Geld ist Ausdruck von Angst.

Wo LIEBE nicht fliesst, fliesst Geld. Diese beiden sind die beiden einzigen Ströme auf Erden und werden sich niemals kreuzen.

Du musst dort hinkommen zu begreifen, dass es nur EINE Quelle aller Versorgung, allen LEBENS,

---

[14] Römer, 8:31

allen Wohlstandes und REICHTUMS gibt. REICHTUM ist nicht Reichtum, und LEBEN ist nicht Leben, und GOTT ist nicht Gott. LIEBE ist nicht Liebe. Erkenne den Unterschied. Klein geschrieben bedeuten sie einen Zusammenhang mit geben-und-nehmen, also Geld und Karma im weitesten oder unmittelbarem Sinne und sind temporäre Erscheinungen. Gross geschrieben bedeuten sie: auf LIEBE bezogen, also frei und ohne Bedingungen - ewig. GOTT verlangt keine Gegenleistung. Er verlangt keine Zinsen für das GLÜCK, das ER dir schenkt. Wer das weiss, für den erledigt sich das Problem rund um Geld und Besitz automatisch.

Es hat mit Reifung zu tun, und wie bei der guten alten Tomate kannst du lediglich den Boden bereiten, auf dem Tomaten am besten wachsen können.[15] Das liegt in deinem Zuständigkeitsbereich und bedeutet: Fernseher auf den Müll, Zeitungen ungelesen in die Papiertonne, Radio an den Nachbarsjungen zum Demontieren verschenken, Werbeprospekte nicht anschauen, sondern wegwerfen. Und dann, wenn endlich STILLE einkehrt, geh nach innen, wenigstens einmal für eine halbe Stunde, und mache dir GOTTES Präsenz bewusst. Mehr nicht, das ist alles. Keine Sprüchlein, keine Gebete, keine

---

[15] Vgl. Ruby Nelsons Buch

Formeln, keine Zauberwörter. Nur du und ER. Setz dich zu SEINEN Füssen und lausche nach innen. Triff die bessere Wahl, an jedem Tag aufs Neue. Den Rest erledigt ER. Irgendwann ist ER immerzu in deinem Tages-Bewusstsein präsent und du führst einen ununterbrochenen, stillen Dialog mit IHM.

Geld ... finde ich lustig, denn ich kann damit meine Hobbies bedienen, nachdem ich seine durchlaufende Qualität anhand der monatlichen Rechnungen habe vorbeifliessen sehen. Die Kunst ist es, es von Angst zu entkoppeln, so dass es nur noch ein Ding ist wie jedes andere auch. Geld hat keinerlei Macht, denn es gibt nur eine MACHT, die Macht des BEWUSSTSEINS. Du allein verleihst Seine dir zur Verfügung gestellte Macht an falsche Autoritäten und leidest aufgrund dieses Irrtums, das ist das ganze Geheimnis.

Du kannst also noch heute beginnen, alle Autorität über dein Erdenleben dem in die Hand zurück zu legen, dem sie gehört, und deine Lebensqualität wird sich massiv steigern, obwohl manches zunächst vordergründig betrachtet schwierig werden wird; probiere es aus. Aus eigener Erfahrung und nach persönlicher Wanderung durch etliche irdische Täler kann ich dir berichten, dass exakt die ersehnten Zustände sich einstellen, letztlich wie von selbst, die da lauten: GLÜCK GESUNDHEIT FRIEDEN FREUDE NÄHE STILLE REICHTUM GEBORGENHEIT PARTNERSCHAFT EINHEIT, … Unabhängig von jeglichen äusseren Umständen, unabhängig von der Geldmenge in deinem Haushalt, unabhängig von anderen Menschen. Und alles nur, weil GOTT in deinem Leben an die erste Stelle gesetzt wurde. Denn ausserhalb von IHM sind die Höheren Zustände definitiv unerreichbar. Wir lernen, äussere Faktoren als Bedingung an diese Zustände zu koppeln, und genau das ist der Irrweg, den wir hier im Self Consciousness gehen.

Uns Menschen wird in dieser Welt hier absichtlich beigebracht, dass jemand, der „gesund und normal" sein will, alle grossen Lebensbereiche am Funktionieren halten müsse. Man müsse das eigene Leben in den Griff kriegen. Da wird dann aufgereiht Partnerschaft, Beruf, Familie, Freundeskreis, körperliche Bewegung… vielleicht wird, je nach Publikation, sogar noch die Religion benannt. Diese wird gemeinhin als Freizeitbetätigung zwecks Bewältigung von Krisen angesehen. *Der Glaube hat ihn da durch gezogen*, wird dann vielleicht gesagt. Oder: S*ie hat einen starken Glauben, deshalb hat sie überlebt.* Ein eingefleischter Materialist sagte einmal zu mir, er habe kein Interesse, sich mit meiner Arbeit zu beschäftigen, *doch wenn es dir hilft, Katrin, um die Krankheit auszuhalten, mach nur weiter.*

Das EINZIGE, auf das es im Leben eines jeden Menschen wirklich ankommt und unter das sich all die oben genannten und auch alle weiteren Lebensbereiche automatisch und selbstsortierend unterordnen, wird tunlichst in weltlichen Medien nicht genannt. Es wird in all den Ratgeberbüchern und auch von Psychologen tunlichst verschwiegen, dass kein kleines Ego jemals irgendetwas im Griff gehabt hat oder jemals haben wird. Diese Erkenntnis ist der Tod - des kleinen Egos.

Die Programmierung, die da lautet: „Man geht, wie man gekommen ist: nackt und mittellos" - das gilt für den materiellen Zustand des Menschen im Self Consciousness. Doch spirituell gesehen ist das Gott sei Dank nicht der Fall - sofern du dich dafür *entscheidest.* Auch wird niemand „zu Staub" und niemand ist jemals „tot" gewesen, denn ein Mensch kann niemals „tot sein". LEBEN ist ewig. Doch das ist Stoff für ein weiteres Büchlein in dieser Schriftenreihe...

GOTTES LIEBE ist unendlicher REICHTUM, und die einzige ewig gültige Währung.

Lesetipp:

In meinem Büchlein *Alltägliche Merksätze für Inneren Frieden* sind einige geistige Grundsätze aufgelistet, die helfen, aus dem Geld-Konkurrenz-Kriegsdenken herauszukommen.

Schreib an: cosmicsense@online.de